MARKETING MIX

Opanuj 4 P marketingu

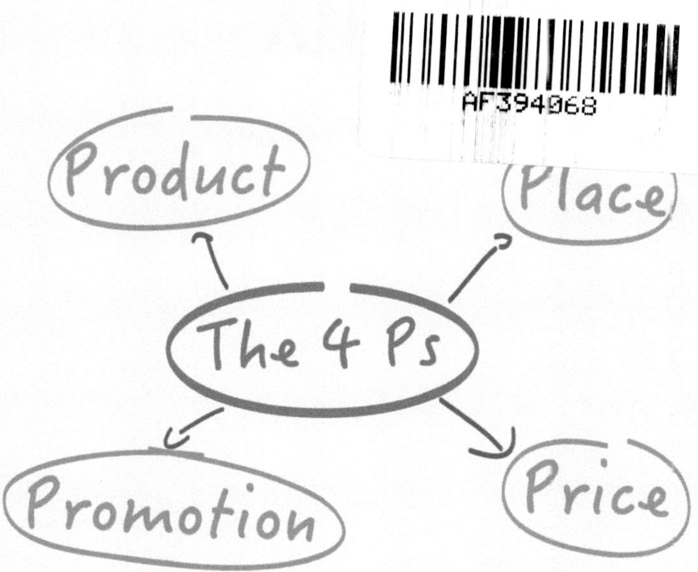

MARKETING MIX

Opanuj 4 P marketingu

napisany przez Morgane Kubicki
przetłumaczony przez Kâmil Kowalski

50MINUTES.com

MARKETING MIX

KLUCZOWE INFORMACJE

- **Nazwy:** marketing mix, marketing-mix, polityka marketing mix.

- **Zastosowanie:** marketing mix jest podstawowym narzędziem podejmowania decyzji marketingowych.

- **Dlaczego jest to skuteczne?** Model podsumowuje wszystkie dostępne dla marketerów narzędzia do podejmowania decyzji.

- **Słowa kluczowe:** produkt, cena, miejsce, promocja, rynek docelowy.

WSTĘP

Historia

Termin "marketing mix" po raz pierwszy pojawił się w artykule zatytułowanym "The Concept of the Marketing Mix" (1948) napisanym przez teoretyka Neila H. Bordena (1895-1980), profesora marketingu i reklamy w Harvard Business School. Sam stwierdził, że zainspirowały go badania Jamesa W. Cullitona (1912-2004), który określił rolę menedżerów marketingu jako "mieszaczy składników" i zaproponował na tym etapie listę dwunastu elementów przemysłowego marketingu mix. W 1960 roku profesor Jerome McCarthy (ur. 1928) rozwinął teorię

Bordena i zachował cztery główne punkty, czyli 4 P (produkt, cena, miejsce i promocja) w swojej książce *Basic Marketing: A Managerial Approach*. Mnemotechniczna cecha tego podejścia przyczyniła się do jego sukcesu i jest ono powszechnie stosowane przez marketerów. Marketing mix i 4 P marketingu są często używane do wyrażenia tej samej idei, choć tak naprawdę nie są synonimami. Marketing mix to koncepcja opisująca kroki i wybory, których firmy lub marki muszą dokonać w całym procesie wchodzenia na rynek z produktem lub usługą; natomiast model 4 P jest prawdopodobnie najbardziej znanym sposobem definiowania marketingu mix.

Definicja modelu

Marketing mix jest koncepcją marketingową, która obejmuje wszystkie narzędzia dostępne dla marketerów w celu opracowania skutecznych działań i osiągnięcia celów penetracji sprzedaży na rynku docelowym.

TEORIA

CELE MODELU

Marketing mix obejmuje wszystkie decyzje i działania marketingowe podejmowane w celu zapewnienia sukcesu produktu, usługi lub marki na swoim rynku.

Pierwszy decydujący krok w procesie marketingowym: analiza rynku. Po jej przeprowadzeniu model 4 P może być wykorzystany jako dobre narzędzie decyzyjne dla marketerów. W rzeczywistości, oprócz tego, że obejmuje wszystkie elementy, na których mogą skupić się marketerzy, model jest łatwy w użyciu. Jego charakterystyczna nazwa również niewątpliwie przyczyniła się do jego sukcesu. Ten system klasyfikacji jest jednym z najczęściej używanych w marketingu mix, zarówno w podręcznikach, jak i w prawdziwym życiu.

W szerszym ujęciu model marketing mix może być wykorzystywany jako pomoc w podejmowaniu decyzji w kontekście nowej oferty na rynku, jak również do testowania istniejącej strategii marketingowej.

KONTEKST I TEORETYCY

Marketing mix pojawił się w okresie, w którym obserwowano znaczny wzrost konsumpcji. Podczas powojennego boomu (okres silnego wzrostu gospodarczego między zakończeniem II wojny światowej a pierwszym kryzysem naftowym, przeżywany w większości krajów rozwiniętych w latach 1946-1973) nastąpiła eksplozja masowej konsumpcji. Przed tym czasem marketing był po prostu wykorzystywany do zrozumienia preferencji i zachowań konsumenta; wraz z pojawieniem się marketingu mix możliwe było wówczas uzyskanie ogólnego poglądu na temat umieszczenia danego produktu na rynku. Choć teorię tę przypisuje się McCarthy'emu, który wyodrębnił 4 P, to w rzeczywistości inspirował się on listą sporządzoną przez Neila Bordena w "The Concept of the Marketing Mix". Profesor sam przyznaje też, że był pod wpływem badań swojego partnera, Jamesa Cullitona, który opisał rolę menedżerów marketingu i "mieszaczy składników". Później Philip Kotler (ur. w 1931 r.), ojciec nowoczesnego marketingu, przejął koncepcję 4 P i zaproponował jej uaktualnioną wersję w swojej najsłynniejszej książce zatytułowanej *Marketing Management* (we współpracy z Kevinem Dellerem, Delphine Manceau i Bernardem Dubois).

Nie wszyscy autorzy byli zgodni co do charakteru elementów marketingu mix. Neil Borden mówił o "procedurach", ale dziś preferowane są określenia "parametry", "narzędzia" lub "instrumenty".

Oryginalna lista Neila Bordena zawierała 12 elementów marketingu mix, które powinny być brane pod uwagę przez marketera:

- produkt

- cena

- marka

* kanały dystrybucji

* sprzedaż osobista (face to face)

* reklama

* promocje

* opakowania

* wyświetla

* serwisowanie

* obsługa fizyczna

* ustalenie faktów i analiza.

Tymczasem McCarthy proponuje pogrupować te zmienne w cztery kategorie, czyli cztery dźwignie działania:

* produkt

* cena

* miejsce

* promocja.

W rzeczywistości listy te, niezależnie od tego, czy składają się z dwunastu, czy z czterech elementów, zawierają wszystkie dostępne dla firmy narzędzia wpływające na jej sprzedaż. Niemniej jednak teoria ta nie ma konkretnego potwierdzenia i w żadnym wypadku nie zapewnia 100% skuteczności w podejmowaniu decyzji. Jakość realizowanej strategii marketingowej polega na trafności i spójności pomiędzy czterema elementami składającymi się na teorię marketing mix. W pewnym sensie można to podsumować w następujący sposób: właściwy produkt, we właściwym miejscu, po właściwej cenie, we właściwym czasie. Aby to osiągnąć, należy:

* stworzyć produkt lub usługę, której chce konkretna grupa ludzi;

* sprzedawać w miejscu regularnie odwiedzanym przez te osoby;

* wprowadzić go na rynek po cenie odpowiadającej oczekiwaniom klientów;

* udostępnić ją, kiedy ci klienci tego chcą.

Takie podejście jest właściwe, ale nie można pominąć znacznego nakładu pracy, jaki jest potrzebny do zebrania wszystkich niezbędnych danych, takich jak potrzeby, oczekiwania i zachowania klientów. Konieczne jest jeszcze ustalenie, jak wyprodukować dane dobro lub usługę, po jakiej cenie i kiedy wprowadzić je na rynek, aby zoptymalizować sprzedaż. Do realizacji tego pomysłu potrzebna jest szczegółowa wiedza o rynku docelowym, który również jest wymagany. Tutaj z pomocą przychodzi analiza rynku.

SKŁADNIKI MODELU

Polityka produktowa

Produkt" to oferta, która zaspokaja potrzebę na rynku. Innymi słowy, produktem może być przedmiot fizyczny lub usługa wprowadzona na rynek w celu zaspokojenia pragnienia lub potrzeby po zakupie i wykorzystaniu lub konsumpcji. Polityka produktu odnosi się zatem do wyboru cech dla towarów lub usług oferowanych przez firmę, innymi słowy charakteru, jakości, rozmiaru, projektu itp. Może ona również obejmować decyzje dotyczące marki, opakowania, etykiety lub asortymentu produktów.

Polityka cenowa

Cena to kwota, którą konsument musi wydać, aby nabyć produkt. Polityka cenowa obejmuje pojęcia:

* cena stała, czyli oferowana w sklepach

* rabaty

* warunki płatności

* warunki odbioru

* warunki kredytowe.

To pytania o proces ustalania ceny produktu lub ustalania cen w ramach pewnego zakresu. Polityka cenowa nie jest stała i może się zmieniać w zależności od promocji lub w zależności od cyklu życia produktu. Musi ona uwzględniać szereg ograniczeń i zmiennych, zarówno wśród producentów, jak i konsumentów: cenę kosztową, wizerunek produktu, koszty dystrybucji, elastyczność cenową (czyli wpływ zmiany ceny na popyt konsumentów), warunki konkurencji (monopol, oligopol, konkurencja itp.).

Polityka dystrybucji

- P z "miejsca" odpowiada polityce dystrybucji.
- Obejmuje ona:
- kanały dystrybucji
- sieci dystrybucji
- asortyment
- lokalizacje
- dostępność
- transport
- logistyka.

Firma ma obowiązek stworzenia i utrzymania sieci dystrybucji, a także wyboru punktów sprzedaży (własnych sklepów lub dystrybutorów), które będą odpowiedzialne za prezentację produktu, zapewnienie jego dostępności na półkach, oferowanie promocji czy doradztwo dla klientów.

Polityka komunikacyjna

Czwarte P, "promocja", wiąże się z komunikacją.

Polityka komunikacyjna obejmuje przede wszystkim:

- reklama
- marketing bezpośredni lub marketing w punktach sprzedaży
- relacje publiczne

* sponsoring.

Paradoksalnie może ona w pewnym stopniu wpływać na cenę (premie, kupony czy ograniczone czasowo oferty specjalne na przykład), ale pozostaje aktem komunikacji, a nie polityką cenową.

Współzależność tych polityk

Zespół marketingowy musi zapewnić, że decyzje te są podejmowane z myślą o pośrednikach dystrybucji i klientach końcowych, natomiast kierownik marketingu jest odpowiedzialny za zrozumienie potrzeb i oczekiwań klientów oraz dostarczenie oferty lub rozwiązania. Informuje on klientów i wybiera cenę, która jest zgodna z postrzeganą przez nich wartością produktu. Następnie musi określić punkty sprzedaży detalicznej, w których będzie dystrybuował produkt.

W przypadku tych czterech polityk, każda decyzja musi być podjęta z myślą o docelowych konsumentach i pozycjonowaniu, które firma zdecydowała się przyjąć. Co więcej, należy również wziąć pod uwagę inne obszary, ponieważ jeśli te decyzje są podejmowane oddzielnie, nie mają żadnego znaczenia. W rzeczywistości siłą marketingu mix jest łączenie wszystkich elementów dostępnych dla marketerów.

Związek między ceną a produktem jest istotny, ale nie najważniejszy. Wszystkie elementy marketingu mix mają wpływ na pozostałe. Na przykład cena musi uwzględniać wiele zmiennych, w tym pozostałe P, czyli markę, dystrybucję i sieć komunikacji. Promocja czy dystrybucja również mogą wpływać na cenę sprzedaży. W 1979 roku Paul Farris i David Reibstein zbadali relacje między zmiennymi, aby określić ich wpływ. I tak, standardowa marka o wysokiej jakości, posiadająca silne zaplecze reklamowe, może łatwo podnieść cenę swoich produktów. Dystrybucja ma również zasadniczy wpływ na politykę cenową. Na przykład firma nie może ustalić swoich cen, nie wiedząc, czy produkt będzie dystrybuowany bezpośrednio przez markę, czy przez pośrednika, którym może być mały odsprzedawca lub duży detalista. Te wybory mają pośredni wpływ na koszty dystrybucji, które są podstawową zmienną w polityce cenowej. Krótko mówiąc, zmienne te są współzależne.

OGRANICZENIA I ROZSZERZENIA

OGRANICZENIA I KRYTYKA

Skuteczne zarządzanie marketingiem mix pozwoli stworzyć wartość firmy w oczach jej klientów. Dlatego najbardziej koniecznym warunkiem jest znajomość celu i określenie pozycjonowania marki na rynku. Planowanie strategiczne polega na zarządzaniu wszystkimi tymi danymi za pomocą elementów marketingu mix. Stworzenie modelu wykorzystującego zasady tej teorii nie wystarczy, jeśli wcześniej nie przeprowadzono badania rynku docelowego.

Większość krytyków modelu odnosi się do 4 P, a nie do samego marketingu mix. Marketing mix, w swojej szerokiej definicji, składa się z "operacyjnych narzędzi marketingowych", które pozwalają firmom ukierunkować swój rynek i osiągnąć oczekiwane korzyści (Kotler i in., 2009: 29). Trudno jest tak naprawdę krytykować sam marketing mix; częściej krytyka skierowana jest na sposób podejścia do niego.

Autorzy, którzy krytykowali 4 P, zazwyczaj sugerują, że ten system klasyfikacji powinien zostać ulepszony. Louis Michel Chevalier i Pierre Dubois w swojej książce o marketingu wysunęli tezę, że 4 P nie odzwierciedlają marki produktu, która jest łącznikiem między polityką produktu a polityką komunikacji. Natomiast w modelu przedstawionym przez McCarthy'ego, a później przejętym przez Kotlera, nazwa marki jest elementem polityki produktu. Michel Chevalier i Pierre Louis Dubois twierdzą również, że chociaż marketing mix musi uwzględniać jednocześnie 4 P, to różnymi poruszanymi politykami prawie nigdy nie zarządza ta sama osoba. W rzeczywistości model marketing mix jest przedstawiany jako całość, co sugeruje, że jedna osoba lub zespół podejmuje wszystkie decyzje. Jednak jego elementy często należą do różnych sektorów firmy. I tak, polityka produktowa może pochodzić od dyrektora generalnego lub służb innowacyjnych, podczas gdy polityką komunikacyjną zajmują się służby komunikacyjne.

Wreszcie musimy mieć świadomość, że marketing mix jest tylko ogólnym narzędziem wspomagającym podejmowanie decyzji. Jeśli przyjrzeć się szczegółom każdej polityki, istnieją inne, bardziej szczegółowe koncepcje do opanowania. Na przykład polityka cenowa wymaga większej wiedzy na temat takich pojęć jak stopy zwrotu czy postrzegana wartość.

POWIĄZANE MODELE

7 Ps.

Aby uzupełnić braki modelu 4 P, niektórzy autorzy zalecają dodanie nowych komponentów. Najbardziej znanym z tych modeli jest 7 P (1981) Bernarda H. Boomsa i Mary Jo Bitner, który uzupełnia 4 P zdefiniowane przez McCarthy'ego, dodając do nich ludzi, proces i dowody fizyczne.

- ‚Ludzie' w rozumieniu 7 P nie reprezentują klientów firmy, ale pracowników, którzy realizują strategie marketingowe. Ich wpływ jest ważny, bo to oni mają kontakt z potencjalnymi klientami. Reputacja i wizerunek firmy są w ich rękach i widziane ich oczami. ‚Ludzie' są jednym z niewielu elementów marketingu mix, z którymi klienci mogą wchodzić w interakcje.

- ‚Proces' odnosi się do sposobu, w jaki marketer zapewnia skuteczną i odpowiednią obsługę klienta. Może to obejmować obsługę klienta, doradztwo, godziny otwarcia czy nawet dostawę do domu. Jest to sposób na budowanie lojalności wobec marki.

- ‚Dowody rzeczowe' oznaczają fizyczne elementy sklepu, takie jak okna czy organizacja półek, w przypadku produktów materialnych.

Możemy krytykować koncepcyjny wkład tych trzech dodatkowych P, ponieważ idee, które reprezentują, można zawrzeć w oryginalnych 4 P McCarthy'ego. ‚Proces', w najszerszym znaczeniu, jest związany z koncepcją produktu. ‚Ludzie' są zasadniczo związani z produktem i promocją. ‚Dowody fizyczne' rozumiane są, przynajmniej częściowo, przez promocję.

§

Proponowane są również inne P:

- Philip Kotler w *Principles of Marketing* (1986) proponuje dodanie "władzy politycznej" i "opinii publicznej";

- Claudio Vignali i B. J. Davies, w "The Marketing Mix Redefined and Mapped: Introducing the MIXMAP Model" (1994), proponują tymczasem dodanie "S" dla "usługi".

Sektory dodane do modelu bazowego pozwalają też często na udoskonalenie marketingu mix w domenie usługowej. Według nauk dotyczy to również "pozycjonowania", "opakowania", "uczestnictwa" czy "personalizacji", które pojawiają się głównie w technikach web 2.0 i marketingu 2.0.

4 C

Pojawił się również model równoległy do 4 P, zwany 4 Cs, który miał za zadanie odnieść się do jednego z głównych zarzutów modelu McCarthy'ego, a mianowicie tendencyjnego spojrzenia w stronę marketera ze szkodą dla nabywcy. Robert F. Lauterborn skonstruował 4 C z 4 Ps i przedstawił tę koncepcję w *New Marketing Litany: Four Ps Passé, C-Words Take Over* (1990): są one skoncentrowane bardziej na kliencie niż na produkcie. Model ten ma sens, gdy weźmiemy pod uwagę, że celem marketingu jest zaspokojenie potrzeb klienta.

4 C to:

- Konsument: polityka produktowa staje się rozwiązaniem oferowanym konsumentowi. Musimy oferować klientom to, czego naprawdę szukają i w tym celu badać ich zachowania nabywcze.

- Koszt: polityka cenowa to koszt ponoszony przez konsumenta. W rzeczywistości cena jest tylko częścią kosztu, który klient jest skłonny zapłacić. Koszt obejmuje cenę zakupu, ale także koszt nabycia, użytkowania i porzucenia produktu oraz koszt akcesoriów do produktu.

- Komunikacja: dotyczy to teraz czystej komunikacji, która jest bardziej nastawiona na współpracę i ma tendencję do tworzenia dialogu między firmą a potencjalnym klientem. Celem jest, aby komunikacja nie wynikała tylko z firmy, ale także z kontaktu z klientami.

- Wygoda: zamiast ustalać strategie dystrybucji, marketer stawia się w pozycji klienta, aby zrozumieć, jakie są ułatwienia dostępu umożliwiające mu nabycie produktu. Wraz z pojawieniem się i sukcesem Internetu, uwzględnienie tego elementu stało się coraz ważniejsze.

PRAKTYCZNE ZASTOSOWANIE

PORADY I NAJWAŻNIEJSZE WSKAZÓWKI

Marketing mix może pomóc w podejmowaniu decyzji w ramach tworzenia nowej oferty na rynku lub testowania istniejącej oferty. Oczywiste jest, że najpierw musimy określić obiekt, który będzie analizowany, czy jest to np. produkt, usługa czy marka.

Przed budową lub analizą strategii marketingowej opartej na 4 P lub pokrewnym modelu, firma musi określić swój rynek docelowy. W tym celu musi przeprowadzić badanie rynku, które pozwoli jej lepiej zrozumieć oczekiwania konsumentów i odpowiednio się pozycjonować.

Ponadto konieczne jest przeprowadzenie analizy wewnętrznej i zewnętrznej przedsiębiorstwa w celu określenia segmentacji rynku (podział rynku na jednorodne grupy konsumentów na podstawie ich potrzeb, cech lub zachowań).

Następnie firma śledzi jeden lub więcej segmentów rynku i wybiera cel marketingowy (wybrane segmenty według strategicznego interesu, jaki reprezentują dla firmy).

Po ustaleniu celu może określić swoje pozycjonowanie, czyli umieścić swój produkt wśród konkurencji.

Zauważmy tutaj, że konsumenci są centralnym elementem podejścia marketingowego. To właśnie z tego powodu model 4 Cs jest często preferowany od 4 P, nawet jeśli zmienne są tu po prostu omawiane pod innym kątem.

Aby ustalić swoją strategię marketing mix, firma musi następnie odpowiedzieć na serię pytań dotyczących każdego elementu modelu.

Określenie atrybutów produktu/usługi

Pierwszym krokiem jest określenie atrybutów produktu lub usługi. Aby to zrobić, musimy zadać następujące pytania:

- Czego oczekuje konsument od produktu lub usługi?

- Jakie są niezbędne atrybuty produktu, aby spełnić te oczekiwania?

- Jak i w jakim kontekście klient będzie korzystał z produktu?

- Jak wygląda produkt? To pytanie obejmuje wygląd samego produktu, ale także jego opakowania.

- Jaką nazwę i markę powinien mieć produkt?

- Czym produkt różni się od produktów konkurencji?

- Jaka jest maksymalna cena kosztowa, aby jej sprzedaż była nadal opłacalna?

Podczas tego pierwszego etapu pytania dotyczące produktu są podobne do tych, które należy zadać przy rozważaniu polityki cenowej.

Określenie polityki cenowej

Cena może być ustalona na podstawie kosztów lub postrzeganej wartości produktu. Niezależnie od tego, które podejście zostanie wybrane, musi być cno w stanie odpowiedzieć na następujące pytania:

- Jaka jest wartość produktu dla konsumenta?

- Czy ten produkt ma cenę bazową? Gdzie jest pozycjonowany w stosunku do swoich konkurentów?

- Czy produkt ma dużą elastyczność cenową? Czy można obniżyć ceny, aby zwiększyć udział w rynku? Z drugiej strony, czy podniesienie ceny wygenerowałoby większe zyski?

Określenie środków komunikacji

W przypadku komunikacji nie chodzi tylko o wybór podejścia. Narzędzia dostępne dla marketerów są tak liczne, że często specjalny dział zajmujący się komunikacją jest odpowiedzialny za znalezienie najlepszego sposobu dotarcia do grupy docelowej po jej zidentyfikowaniu. Konieczne jest poznanie celu i pożądanej reakcji przed ustaleniem strategii, aby wybrać odpowiednie środki komunikacji. Większość wydatków na komunikację jest przeznaczona na reklamę. Może ona obejmować kampanie wykorzystujące:

- prasę (ogólna lub specjalistyczna)

- bilbordy

- TV

- radio

- kino

- komunikację internetową.

Pamiętaj, że nawet jeśli promocja sprzedaży jest powiązana z polityką cenową (próbki, premie, konkursy, kupony itp.), to nadal jest to działanie w ramach polityki komunikacyjnej.

Do poprzedniej listy możemy dodać inne narzędzia, takie jak:

- public relations

- marketing bezpośredni i interaktywny (wykorzystujący personalizację i interaktywność)

- marketing wirusowy (często praktykowany w Internecie)

- sprzedaż (która polega na interpersonalnej wymianie między marką a klientem).

Warto również zadać następujące pytania:

- Jakie są najskuteczniejsze sposoby dotarcia do grupy docelowej?

- Kiedy jest najlepszy czas na rozpoczęcie promocji? Czy rynek, na którym działam jest sezonowy?

- Jakie działania komunikacyjne są stosowane przez konkurentów? Czy wpływają one na wybór działań?

Określenie miejsc dystrybucji

W przypadku "miejsca" strategia dystrybucji musi być określona zgodnie z innymi składnikami marketingu mix. Wybrane wcześniej pozycjonowanie produktu/usługi nieuchronnie wpływa na decyzję o sposobie dystrybucji.

"Promocja" i "miejsce" oddziałują na siebie również wtedy, gdy przedsiębiorstwo w swojej polityce dystrybucji decyduje się na strategię push (opartą na siłach sprzedaży i sieci dystrybucji) lub strategię pull (opartą na komunikacji z konsumentem, a w szczególności na reklamie).

 **DOBRZE WIEDZIEĆ: STRATEGIE PUSH I PULL**

Strategia dystrybucji typu push ma na celu doprowadzenie produktu do klienta. Firma wykorzystuje swoje siły sprzedaży oraz politykę dystrybucji, aby zachęcić klienta do wyboru jej produktu. Dobrym przykładem są tu zakupy impulsowe.

Z drugiej strony, strategia pull polega na przyciąganiu klientów do produktu. Wykorzystuje się tu zazwyczaj komunikację i reklamę, aby zachęcić klienta do chęci posiadania produktu.

Na wybory wpłynie również sam produkt: czy jest to zakup rutynowy czy specjalny? Czy jest to towar czy przedmiot luksusowy? Wszystkie zdefiniowane wcześniej zmienne wchodzą w grę, ponieważ same są pod wpływem polityki dystrybucji. Na przykład rozwijanie własnej sieci dystrybucji będzie miało wpływ na cenę i komunikację. Marketer musi jeszcze umieć odpowiedzieć na szereg pytań:

- Gdzie udają się potencjalni klienci, aby kupić produkt?

- Czy klienci łatwiej kupią ten produkt w sklepie ogólnym, specjalistycznym, internetowym czy nawet pocztowym?

- Czy wybrany system dystrybucji jest łatwo dostępny dla gości?

- Czy zarządzanie siłami sprzedaży jest konieczne?

- Co robią konkurenci? Jak można zaadaptować lub zróżnicować model?

STUDIA PRZYPADKÓW

W niniejszym studium przypadku przedstawiamy dwie firmy, które oparły się na strategii marketing mix McCarthy'ego. Pierwszy przypadek, poświęcony niemieckiej sieci sklepów Aldi, pochodzi z *The Times 100, Business Case Studies* i pokazuje, jak w bardzo konkurencyjnej branży produkt, który niekoniecznie jest innowacyjny, może zwyciężyć i tworzyć wartość dzięki skutecznej strategii pozostałych elementów marketingu mix.

Drugi przypadek pochodzi z rozmowy pomiędzy Alainem Afflelou, Stephenem Glessem i Dominique Lichel (*L'Entreprise*, październik 2006) oraz z artykułu Baptise Diebold (2006). Analiza ta wydobywa na światło dzienne potężną strategię marketingową stworzoną przez Afflelou, która wprowadza innowacje w każdym obszarze marketingu mix.

Aldi – tworzenie wartości poprzez marketing mix

Od momentu powstania w 1913 roku, Aldi zdołał zdobyć pozycję jednego z największych europejskich sprzedawców detalicznych. Jego pierwotnym celem było zapewnienie klientom produktów, które kupują regularnie, sprzedawanych pod własną marką Aldi, w konkurencyjnych cenach. W strategii marketingowe_ tej firmy poszczególne elementy marketingu mix są ze sobą zgrane. Innowacja nie odbywa się poprzez produkt, ale sposób, w jaki 4 P są skonstruowane, aby stworzyć prawdziwą strategię marketing mix.

Aldi stara się zapewnić dużą różnorodność produktów o standardowej jakości, sprzedawanych pod własną marką. Pierwszym "P" w centrum ich strategii korporacyjnej jest "cena". Aby oferować tańsze produkty niż konkurenci, firma opiera swoją politykę na optymalizacji kosztów i dostosowuje pozostałe polityki "P" do tego celu.

Produkty kupowane są w dużych ilościach i mało kto wydaje pieniądze na ich ubranie (opakowanie, marka itp.).

Na poziomie dystrybucji firma po raz kolejny próbuje obniżyć koszty poprzez ograniczenie regałów i ekspozycji w punktach sprzedaży. W kwestii lokalizacji swoich sklepów bierze pod uwagę cztery kryteria:

- liczba osób, które odwiedzają lub mieszkają na danym obszarze;

- niska konkurencja: Aldi znajduje się na ogół poza centrami miast i w miejscach o dobrej widoczności z głównej drogi, z minimalną konkurencją otoczenia;

- dostępność sklepu, w tym za pośrednictwem transportu publicznego;

- wystarczającą liczbę miejsc parkingowych.

Komunikacja firmy skupia się na utrzymaniu klientów i wzmacnia przekaz polityki cenowej i produktowej: Produkty Aldi są tej samej jakości co produkty głównych marek, ale tańsze. W sklepach rozdawane są więc broszury promocyjne, które mają zachęcić klientów do powrotu. Poza mediami firma skupia się również na public relations, listach mailingowych, zarządzaniu sieciami społecznościowymi i działaniach, które podkreślają jej produkty poprzez zewnętrzne źródło biznesu. W tym celu Aldi bierze udział w wielu corocznych konkursach produktowych. Zwycięstwo w tych konkursach pozwala mu zwiększyć swoją widoczność, ale także wiarygodność, ponieważ trzecia, neutralna strona nazwała ich produkty najlepszymi.

Aldi posiada szczegółowe podejście do sprzedaży, które daje mu przewagę na bardzo konkurencyjnym rynku.

Równowaga osiągnięta poprzez marketing mix pozwala mu oferować produkty dobrej jakości po możliwie najniższych cenach. Polityka komunikacji pozwala na poprawę wizerunku produktów przy jednoczesnym podkreślaniu ich cen. Wreszcie, dzięki polityce pozycjonowania nie musi zwiększać kosztów dystrybucji. Wydaje się, że nie wprowadzono żadnej większej innowacji w zakresie ceny, produktu, miejsca czy promocji, ale równowaga między tymi czterema politykami pozwoliła Aldi znaleźć swoje miejsce na rynku.

Afflelou – sukces oparty na innowacjach w poszczególnych elementach mieszanki

Alain Afflelou otworzył swój pierwszy sklep w 1970 roku w Bordeaux. W 1984 roku sieć miała już prawie 100 franczyz. W 2012 roku marka miała 722 sklepy w całej Francji i ponad 1000 w sumie. Ten sukces wynika z faktu, że marce udało się wprowadzić innowacje w każdym z obszarów marketing mix.

- Produkt: Afflelou zawsze oferował innowacje w zakresie okularów i soczewek kontaktowych z, na przykład, praktycznie niezniszczalnymi okularami. Dla klientów po czterdziestce marka wprowadziła "Forty", pakiet czterech okularów, które umożliwiają widzenie z bliska. Te produkty nie wydają się rewolucyjne, a jednak marka była pierwszą, która je zaoferowała.

- Cena: Afflelou był pierwszą marką, która zaproponowała okulary w okazyjnej cenie, w tym promocję "Chin-Chin", oferującą drugą parę za dodatkowe euro. Już sama relacja cena-produkt byłaby wystarczająca, ale pełna strategia marketing mix zapewniła firmie prawdziwie dominującą pozycję na rynku.

- Miejsce: marka wprowadziła również innowacje w dziedzinie dystrybucji. W rzeczywistości posiada własną sieć dystrybucji, ale jej sklepy były również pierwszymi, które miały ekspozycje ramowe z otwartym dostępem.

- Promocja (komunikacja): marka przeznacza znaczną część swojego budżetu na dział odpowiedzialny za promocję – który z pewnością jest jednym z największych w sektorze - oraz korzysta ze sponsoringu (partner turnieju tenisowego French Open oraz klubu piłkarskiego Paris Saint-Germain).

Firma Afflelou ustanowiła innowacyjną strategię w każdym elemencie marketingu mix, zapewniając jednocześnie spójność między nimi.

Wniosek

Przypadki Aldi i Afflelou są bardzo różne. W przypadku Aldi, sukces strategii zależy od spójności pomiędzy czterema politykami. W przypadku Afflelou, sukces wynika z wprowadzania innowacji w każdym obszarze marketingu mix. Poza faktem, że marketing mix dostarcza firmie narzędzi do osiągnięcia jej celów, model ten popycha również marketerów do myślenia o ich strategii marketingowej jako całości.

PODSUMOWANIE

- Marketing mix dostarcza marketerom zestaw narzędzi, które umożliwią mu podejmowanie decyzji w odniesieniu do zdefiniowanego rynku.

- Cel: marketing mix jest stosowany w celu wprowadzenia nowego produktu na rynek lub przetestowania istniejącej strategii marketingowej.

- Model 4 P: zaproponowany przez McCarthy'ego w 1960 roku model ujmuje narzędzia marketingu mix w czterech kategoriach: produkt, cena, miejsce (dystrybucja) i promocja (komunikacja).

- Teoretycy: Neil Borden wprowadził pojęcie marketingu mix (1948), a McCarthy opracował koncepcję 4 P (1960).

- Kontekst: marketing mix pojawił się w kontekście wzrostu masowej konsumpcji.

- Komponenty: produkt, cena, miejsce, promocja.

- Zalety: marketing mix zgrabnie podsumowuje wszystkie dostępne dla marketerów narzędzia do podejmowania decyzji.

- Ograniczenia: marketing mix jest kompleksowym podejściem do strategii marketingowej, ale podczas pogłębionej pracy nad strategią należy zastosować inne narzędzia. Decyzje dotyczące poszczególnych polityk są często wynikiem pracy kilku osób lub służb, co utrudnia zachowanie spójności pomiędzy 4 P.

- Rozszerzenia: często dodaje się trzy P (ludzie, proces i dowody fizyczne), aby uzupełnić cztery P modelu McCarthy'ego. 4 C (konsument, koszt, komunikacja, wygoda) to kolejny wariant koncepcji, skupiający się bardziej na kliencie.

- Wskazówka: przed podjęciem decyzji dotyczących 4 P, firma musi mieć pewność, że zna rynek docelowy, na którym chce się pozycjonować.

DALSZE CZYTANIE

BIBLIOGRAFIA

Strona internetowa Alaina Afflelou: http://www.alainafflelou.fr/

Armstrong, G. i Kotler, P. (2007) *Principes de marketing.* [⁸ wydanie]. Paris: Pearson Education.

Booms, B. H. i Bitner, M. J. (1981) Marketing Strategies and Organization Structure for Service Firms. In Donnelly, J. and George, W. R. *Marketing of Services.* Chicago: American Marketing Association. pp. 47-51.

Borden, N. H. (1964) The concept of marketing mix. *Journal of Advertising Research.*

Business Case Studies. (Bez daty) Tworzenie wartości poprzez marketing mix, studium przypadku Aldi. *The Times 100 Case Studies.* [Online]. [Dostęp 22 maja 2014]. Dostępny w: < http://businesscasestudies.co.uk/aldi/creating-value-through-the-marketing-mix/introduction.html#axzz4S2tz9DPH>

Byrne, K. (2004) Zarządzanie marketingiem mix *Chartered Accountants Journal.*

Chevalier, M. i Dubois, P. L. (2009) *Les 100 mots du marketing.* Paris: PUF.

Demos. (2012) *Le marketing mix ou mix marketing, de la stratégie à l'opérationnel.* Paris: Demos.

Diebold, B. (2006) Afflelou entrevoit la vie sans Alain. *Wyzwania.* Tom 29.

Faris, P. i Reibstein, D. (1979) How Prices, Expenditures and Profits are Linked. *Harvard Business Review*. [Nov/Dec issue]. pp. 173-184.

Kotler, P. (1986) *Zasady marketingu*. [wydanie trzecie]. Upper Saddle River (New Jersey): Prentice Hall.

Kotler, P., Keller, K., Manceau, D. i Dubois, B. (2009) *Zarządzanie marketingiem*. [13 wydanie]. Paris: Pearson Education.

Lauterborn, R. F. (1990) New Marketing Litany: Four Ps Passé, C-Words Take Over. *Advertisng Age*. 61(41).

Magrath, A. J. (1986) When Marketing Services, 4Ps are not Enough. *Business Horizons*. 29(3), pp. 45-50.

Maillet, T. (2010) *Le Marketing et son histoire ou le Mythe de Sisyphe réinventé*. Paris: Pocket.

McCarthy, J. E. (1960) *Podstawy marketingu : podejście menedżerskie*. Homewood (Illinois): R.D. Irwin.

Pariot, Y. (2011) *Les Outils du marketing stratégique et opérationnel*. [wydanie drugie]. Paris: Eyrolles.

Van den Bulte, C. i van Waterschoot, W. (1992) The 4 P Classification of the Marketing Mix Revisited. *Journal of Marketing*. pp. 83-93.

Chcemy usłyszeć od Ciebie, co się dzieje!
Zostaw komentarz na temat swojej internetowej biblioteki
i podziel się swoimi ulubionymi książkami w mediach społecznościowych!

Wydawca zapewnia o wiarygodności publikowanych informacji, co jednak nie może wiązać się z jego odpowiedzialnością.

Master ISBN : 9782808066488
Papierowy ISBN : 9782808069274
Depozyt prawny: D/2022/12603/148

Projekt cyfrowy: Primento – cyfrowy partner wydawców.